AF557395
www.entdecke.de

Entdecke die Geier

Henning Werth

1. Auflage 2022

ISBN: 978-3-86659-500-2

An der Kleimannbrücke 39/41
48157 Münster
Tel.: 0251-13339-0, Fax: 0251-13339-33
E-Mail: verlag@ms-verlag.de

Home: www.ms-verlag.de
Geschäftsführung: Matthias Schmidt
Layout: Isabell Büchter
Lektorat und Bildredaktion: Kriton Kunz
Druck: Drusala, Frýdek-Místek

Henning Werth
S.61

Hans-Joachim Fünfstück / 5erls-naturfotos.de
S.32 oben und Mitte, S.39 unten

mauritius images
S.4: Pinopia/Daniel Käsler
S.7 oben: Robin Chittenden/Alamy/Alamy Stock Photos
S.10 oben: Martin Lindsay/Alamy/Alamy Stock Photos
S.11 Mitte: Gerard Lacz
S.12/13: Minden Pictures/Sebastian Kennerknecht
S.17 unten: Naturbildarchiv/Elander/Wild Wonders of Europe
S.20/21: Zoonar GmbH/Alamy/Alamy Stock Photos
S.21 Mitte: H Lansdown/Alamy/Alamy Stock Photos
S.24/25 Hintergrund: Matthew Cuda/Alamy/Alamy Stock Photos
S.32: Simon Evans/Alamy/Alamy Stock Photos
S.33: Hercules Milas/Alamy/Alamy Stock Photos
S.36 Mitte: naturbildarchiv/anup shah
S.38: Thomas Dressler/imageBROKER
S.54 unten: Leben auf Weiß/Alamy/Alamy Stock Photos
S.55: Tony Mills/Alamy/Alamy Stock Photos
S.56: Andy Dossett/Alamy/Alamy Stock Photos
S.58: ZUMA Press, Inc./Alamy/Alamy Stock Photos
S.60: Bernd Ritschel

shutterstock
Cover: Elvis01
Rückseite: InsectWorld
Vorsatz: Volodymyr Burdiak
S.1: Cadurn
S.2/3: GarySang
S.5 oben: Andrew Asherson
S.5 unten: Petr Bonek
S.6/7: Jon_Clark
S.7 Mitte: mutan
S.8/9: Sunshine Seeds
S.8 Mitte: SanderMeertins-Photography
S.10 unten: nwdph
S.11 oben: Xavi Lapuente
S.13 oben: danielecolombo
S.13 unten: FotoRequest
S.14/15: PJR-Photography
S.15 o: Abdelrahman Hassanein
S.16 2x: Stu Porter
S.17 oben und Mitte: francesco de marco
S.18/19 o: Martin Mecnarowski
S.18 unten: Martin Pelanek
S.19 Mitte: Agami Photo Agency
S.19 unten: Sabphoto
S.21 o: ANDRES MENA PHOTOS
S.21 unten: Henk Bogaard
S.22 oben: mountainpix
S.22 unten: Daniel Eskridge
S.23: Eric Isselee
S.24 unten 1: dmitro2009
S.24 unten 2: Mark Caunt
S.24 unten 3: Ishor gurung
S.24 unten 4: Ondrej Prosicky
S.25 oben 1: buenaventura
S.25 oben 2: Gualberto Becerra
S.25 oben 3: Eric Isselee
S.26/27: Curioso.Photography
S.27 oben links: paul prescott
S.27 o rechts: Sergey Uryadnikov
S.28, S.34, S.42, S.46 Weltkugel: 3d_kot
S.28/29: Ondrej Prosicky
S.29 oben: Martin Mecnarowski
S.30 oben: Carmine Arienzo
S.30 unten: Ivan Soto Cobos
S.31: jeanradium
S.32 Kasten: grafxart
S.34/35: Massimo Salesi
S.35 oben: GoodFocused
S.36/37: Mya2019
S.36 oben: Eric Isselee
S.37 oben: Adrian Nogueira
S.37 Mitte: Karel Bartik
S.39 oben: Daniel Brigginshaw
S.40 oben: Ondrej Prosicky
S.40 unten: Philippe Clement
S.41: Gaston Piccinetti
S.42: Sourabh Bharti
S.43: Ishor gurung
S.44/45: Fabio Nodari
S.44 oben links: RealityImages
S.44 oben rechts: Clara_C
S.44 unten: Eric Isselee
S.45 oben: Ishor gurung
S.46/47: Danita Delimont
S.46 unten: Vesna Kriznar
S.48: Martin Mecnarowski
S.49 oben: Ana Dracaena
S.49 unten: Jens Otte
S.50 o links: Gualberto Becerra
S.50 unten rechts: Dmitrii Kash
S.51 o: Adrian Eugen Ciobaniuc
S.51 unten: Ondrej Prosicky
S.52/53: mutan
S.52 oben: Dr. Meet Poddar
S.52 Mitte: JITD
S.54 oben links: dktirol
S.54 oben rechts: Liz Miller
S.56/57: Markus Oblaender
S.59: Elton Abreu
S.62: Ryzhkov Sergey
S.63: Eric Isselee
S.64: Photography Phor Phun

Inhaltsverzeichnis

Willkommen in der Welt der Geier!

Sie gehören zu den größten Vögeln der Welt: die Geier! Mit einer Spannweite – von Flügelspitze zu Flügelspitze gemessen – von über drei Metern ist der Andenkondor fast so riesig wie der Wanderalbatros, der den Rekord bei den Vögeln hält.

In Comics oder Filmen hocken Geier meist als fiese bis düstere Gestalten in der Landschaft. Manche Menschen haben sogar noch Angst vor ihnen, vielleicht weil sie diese Vögel nicht richtig kennen. Wie geht es Dir dabei?

Geier sind hochinteressante und faszinierende Tiere!

Bei sämtlichen Geiern handelt es sich um natürliche „Bestattungsunternehmer“

Wenn Du Geier schon mal in der Natur beobachtet hast, stellst Du schnell fest: Geier sind faszinierende Wesen – viel besser als ihr Ruf! Sie sind natürliche „Bestattungsunternehmer“ für Tiere und nützlich für andere Tierarten sowie auch für uns Menschen. Indem sie gestorbene Tiere fressen, helfen sie, dass sich Krankheiten nicht so schnell ausbreiten können. Aber dazu mehr auf den nächsten Seiten.

In diesem Band der Entdecke-Reihe nehmen die schlaue Eule Xabi und ich Dich also mit in das Reich der „Giganten der Lüfte“. Hier gibt es viel Interessantes und Überraschendes zu entdecken. Viel Spaß beim Lesen!

In Stein und Gold

Die alten Ägypter kennst Du sicher als Baumeister von Pyramiden. Sie haben Geier nicht gefürchtet, sondern bewundert und verehrt: Dem Geier gaben sie sogar ein eigenes Schriftzeichen. Außerdem wurde beispielsweise Nechbet als Geier abgebildet, die Schutzgöttin Oberägyptens – daher findest Du den Geier auf Statuen von Pharaonen oder wie hier auf der weltberühmten Totenmaske des Pharaos Tutanchamun.
Auch bei den Mayas in Mittelamerika tauchen Geier als Schriftzeichen auf. Verschiedene Geierarten spielten von jeher eine große Rolle in den Mythen verschiedener Völker, beispielsweise die Kondore in Nord- und Südamerika.

Rund zwei Dutzend Geierarten exisitieren

Jede Menge Arten!

Wir kennen derzeit 23 Geierarten auf der Welt. Experten unterscheiden zwischen „Altweltgeier“ und „Neuweltgeier“. Europa, Afrika und Asien gehörten zur „Alten Welt“, Amerika zur „Neuen Welt“.

Zu der Familie der Neuweltgeier zählt beispielsweise der Kondor, zur Familie der Altweltgeier etwa der Gänsegeier. Wissenschaftler fanden heraus, dass Neuweltgeier und Altweltgeier nicht unmittelbar miteinander verwandt sind – der nächste Verwandte der Neuweltgeier ist wohl eher der Sekretär, ein großer Greifvogel Afrikas.

Drei Geierarten sind „eigen“ und stellen eine dritte Gruppe dar: Bartgeier, Schmutzgeier und Palmgeier. Diese Arten sehen auch anders aus als die meisten Alt- und Neuweltgeier. Sie haben einen kurzen Hals und spitze Flügel. Auch brüten sie nicht mit anderen Artgenossen so dicht zusammen wie beispielsweise Gänsegeier, sondern sind eher Einzelgänger.

Trotz dieser Unterschiede werden aktuell alle Geierarten zu den Greifvögeln gezählt.

Aus eins mach zwei

Es könnte sein, dass sich die Zahl der Geier in Zukunft ändert. Klar, wenn eine Art ausstirbt, werden es leider weniger Arten. Aber es wäre auch möglich, dass ähnlich aussehende Vögel aus unterschiedlichen Ländern gar nicht zur selben Art gehören – obwohl das immer angenommen wurde. Durch neue wissenschaftliche Methoden, bei denen das Erbgut von Tieren untersucht wird, kann sich jedoch herausstellen, dass es sich in Wirklichkeit um zwei oder mehr Arten handelt.

Vielleicht werden die Schmutzgeier von den Kanarischen Inseln bald zu einer eigenen Art erklärt

Die übrigen Schmutzgeier wie dieser hier unterscheiden sich in ihrer Erbsubstanz, den Genen, von den Schmutzgeiern der Kanarischen Inseln

In Zukunft könnten daher vielleicht diejenigen Schmutzgeier, die auf den Kanarischen Inseln leben, zum Beispiel auf Teneriffa oder Fuerteventura, zu einer eigenen Art erklärt werden. Das „Geheimnis" befindet sich also im Erbgut, auf dem die Erbinformation gespeichert ist. Das Erbgut steckt bei uns Menschen in jeder Zelle unseres Körpers, zum Beispiel in Haaren oder Haut – bei Vögeln auch in Federn. Früher konnten die Forscher nur mit Beobachtungen von äußeren Merkmalen Tierarten bestimmen.

Alte Welt – Neue Welt

Als Christoph Kolumbus mit seiner Mannschaft vor über 500 Jahren von Europa aus der „Alten Welt" nach Amerika segelte, entdeckte er die „Neue Welt": So nennen wir Nord-, Mittel- und Südamerika. Eigentlich wollte er nach Indien. Aber das ist eine andere Geschichte ...

Das große Fressen

Die meisten Geier ernähren sich vor allem von Aas, also von toten Tieren. Viel seltener töten sie Beute. An eine Jagd sind sie auch nur schlecht angepasst: Geier haben wenig Kraft beim Greifen – gerade mal genug, um sich an der Nahrung festzuhalten. Die Krallen sind stumpf und nicht so spitz wie bei den Adlern.

Es gibt auch einen überwiegend vegetarischen Geier: Der Palmgeier frisst am liebsten Obst. Mit seinem Schnabel pflückt er die reifen Früchte von Ölpalmen oder Datteln.

Einige echte Spezialisten unter den Geiern verzehren nur ganz bestimmte Nahrung. Andere sind „Allesfresser" und nicht sehr wählerisch – fast wie bei uns Menschen.

Anhand der Schnabelform und der Halslänge kannst Du erkennen, welche Nahrung die jeweilige Art am liebsten frisst: So hat der Mönchsgeier einen sehr kräftigen Schnabel, mit dem er selbst eine Rinderhaut aufschneiden

Mit Werkzeug geht es besser!

Schmutzgeier zählen zu den wenigen Tieren auf der Welt, die ein Werkzeug benutzen. Diese Geier lieben es, den Inhalt von Vogeleiern zu fressen. Aber um ein großes und festes Ei wie zum Beispiel ein Straußenei zu knacken, ist ihr Schnabel zu schwach. Daher sucht sich der Vogel einen Stein und hackt damit das Ei auf. Ist der Stein zu leicht dazu, sucht sich der Schmutzgeier einen schwereren – ganz schön klug, oder?

kann. Er trägt praktisch eine Art Schere mit sich – allerdings nicht zum Papierschneiden ... Solche Geier können also selbst große tote Tiere öffnen und davon fressen. Dadurch erreichen anschließend auch kleinere Geier mit weniger Kraft die Nahrung.

Der Schmutzgeier dagegen besitzt einen feineren Schnabel, der eher für kleinere Stücke gebaut ist. Gänsegeier wiederum können sich mit ihrem langen Hals tief in ein totes Tier hineinfressen und dadurch viel Muskelfleisch verzehren. Generell dringen Arten mit weniger kräftigem Schnabel oft einfach durch Wunden oder Körperöffnungen in den Kadaver ein.

Auf der Geierzunge sitzen kleine Widerhaken, mit denen die Vögel das Fleisch besser vom Knochen lösen und schneller schlingen können. Du hast vielleicht mal eine Kuh gestreichelt, die Dich mit ihrer rauen Zunge berührt hat. So eine ähnliche Zunge haben Geier, nur dass sie damit kein Gras abrupfen, sondern Aas in den Schlund befördern.

Nur Knochen bleiben übrig ...

Ein Geier kann ein Kilogramm pro Stunde fressen – das schaffen nicht viele andere Tiere. Es wird geschätzt, dass die Geier im Lauf der Zeit mehr Fleisch als alle Löwen, Geparde und Hyänen zusammen gefressen haben! Nach einer halben Stunde ist ein totes Zebra von einer großen Geiergruppe komplett aufgefressen. Nur Knochen und Hufe bleiben übrig. Ohne die Geier würden stinkende Kadaver liegen bleiben und Krankheiten könnten auf Menschen, Wildtiere und Nutztiere übertragen werden.

Bereits am Himmel kreisen viele Geier über dem Aas. Wenn sie dann in den Landeanflug übergehen, lockt das viele weitere Vögel an.

Knochenbrecher

Erwachsene Bartgeier ernähren sich überwiegend von Knochen. Mit einer besonders starken Magensäure können sie diese Nahrung verdauen und daraus wertvolle Nährstoffe für ihren Körper gewinnen. Wenn dem Bartgeier ein Knochen zu groß ist, lässt er diesen einfach aus der Luft über einem Geröllfeld fallen. Oft tut er das mehrfach hintereinander, bis die Bruchstücke so klein sind, dass er sie problemlos verschlingen kann. Auf Spanisch heißt der Bartgeier „quebrantahuesos" (sprich: kebranta-uesos), das heißt übersetzt: der Knochenbrecher. Im Mittelmeergebiet wenden Bartgeier übrigens die gleiche Technik an, um Schildkröten zu knacken.

Tote Tiere sind beim Zersetzungsprozess Nährboden für Bakterien und Keime. Dabei können sich nicht nur üble Gerüche, sondern auch starke Gifte entwickeln. Du hast vielleicht schon mal vom Botulinum- oder Anthrax-Gift gehört? Für viele Tiere, auch für uns Menschen, wäre es tödlich, davon zu essen. Warum können Geier so ein Gift aufnehmen, ohne zu sterben?

Die Antwort ist der extrem ätzende Magensaft der Tiere, der fast alle Bakterien abtötet. Und noch besser: Gerade solche Bakterien, die bei der Zersetzung von Fleisch wichtig sind, überleben die Säure und gelangen in den Verdauungsbereich der Geier. Mit diesen Helfern kann der Geier das Fleisch dann leichter verdauen. Auf diese Weise sind manche Geierarten dazu in der Lage, selbst bereits recht stark verfaultes Aas zu verzehren, während andere, wie der Kleine Gelbkopfgeier, nur ziemlich frisch tote Tiere fressen.

Sogar von schon stark verwesender Beute können Geier gefahrlos fressen

Die unglaublich leistungsfähigen Augen der Geier orten Aas selbst über riesige Entfernungen

Scharfe Sinne

Geier entdecken ihre Nahrung hauptsächlich mit den Augen. Das Sehen ist für sie überlebenswichtig. Sie können viel besser sehen als wir Menschen. Zwar haben sie ein kleineres Gesichtsfeld als wir, sehen also sozusagen nur einen kleineren Ausschnitt, können dafür aber ihren Kopf viel weiter drehen. Wir Menschen vermögen unseren Kopf ja lediglich um eine Viertelumdrehung nach links oder rechts zu wenden.

Im Inneren des Auges gibt es im Bereich der Netzhaut Sehzellen, die die Bildinformationen aufnehmen. Je mehr dieser Sehzellen vorhanden sind, umso schärfer ist das Bild, das gesehen wird. Im Vergleich zu Dir hat ein Geier mehr als acht Mal so viele Sehzellen!

Außerdem stehen die Sehzellen von Geiern nicht wie bei Dir nur an einem Punkt besonders dicht, sondern auf verschiedenen Streifen. Dadurch sehen Geier noch besser räumlich als wir und sind dazu in der Lage, Entfernungen sicher abschätzen – fast so gut wie ein Laser-Entfernungsmesser.

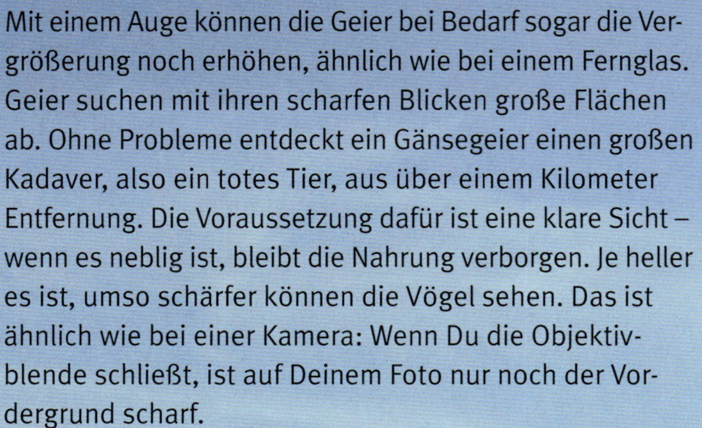

Mit einem Auge können die Geier bei Bedarf sogar die Vergrößerung noch erhöhen, ähnlich wie bei einem Fernglas. Geier suchen mit ihren scharfen Blicken große Flächen ab. Ohne Probleme entdeckt ein Gänsegeier einen großen Kadaver, also ein totes Tier, aus über einem Kilometer Entfernung. Die Voraussetzung dafür ist eine klare Sicht – wenn es neblig ist, bleibt die Nahrung verborgen. Je heller es ist, umso schärfer können die Vögel sehen. Das ist ähnlich wie bei einer Kamera: Wenn Du die Objektivblende schließt, ist auf Deinem Foto nur noch der Vordergrund scharf.

Um das Auge zu schützen, ist eine zusätzliche Haut vorhanden – die Nickhaut. Das ist eine Art Schutzbrille, die bei besonderer Belastung über das Auge gelegt wird: zum Beispiel, wenn die Geier landen, mit Artgenossen kämpfen oder wenn es sehr hell oder nass ist.

Im stundenlangen Segelflug suchen Geier nach Nahrung

Zeitliche Auflösung der Bilder

Geier lösen mit ihrem Gehirn schneller Bilder hintereinander auf als wir Menschen. Sie können eine Folge von 150 Einzelbildern noch trennen. Bei uns ist bereits ab 25 Bildern pro Sekunde Schluss, und wir sehen die Bilder dann als Film. Du kennst das vielleicht vom „Daumenkino“, wenn eine Geschichte auf Seiten gemalt ist, die man rasch durchblättert: Unser Gehirn verarbeitet sie dann eben nicht mehr als Einzelbilder, sondern als Film.

Die große zeitliche Auflösung ist für Geier wichtig, wenn sie schnell fliegen oder mit großer Geschwindigkeit landen: Sie können dadurch schnell reagieren und werden nicht zum „Bruchpiloten“.

Es gibt aber auch Geier, die Aas „erschnüffeln" können, und zwar vor allem bestimmte Neuweltgeier: Der Truthahngeier beispielsweise riecht seine Nahrung auf einen Kilometer Entfernung. Natürlich ist das auch von der Windrichtung abhängig. Bei Rückenwind kann der Geier nicht so weit riechen.

Truthahngeier riechen Aas aus vielen Kilometern Distanz

Polizei-Geier

Manchmal kommt es vor, dass vermisste Menschen gestorben sind, aber irgendwo beispielsweise im Wald liegen, ohne dass jemand weiß, wo. Da manche Geier einen so hervorragenden Geruchssinn haben, trainierte die Polizei in Niedersachsen eine Zeitlang drei Truthahngeier darauf, menschliche Leichen zu finden. Allerdings wurde das Projekt vorläufig eingestellt, denn zum einen gab es viele Vorurteile gegen den Einsatz dieser Tiere, zum anderen wollten die drei Vögel nicht so zusammenarbeiten, wie die Polizei sich das erhofft hatte.

Löcher in Gasleitungen

Das Gas, das in langen Rohrleitungen befördert wird, um damit beispielsweise Heizungen zu betreiben, ist geruchlos. Damit man jedoch am Geruch gleich erkennt, ob irgendwo ein Leck ist, durch das dieses Gas entweicht, setzt man ihm einen Geruchsstoff zu – das ist derselbe, der in verrottendem Fleisch entsteht. Sehen also Ingenieure Neuweltgeier, die über einer Gasleitung kreisen, können sie ziemlich sicher sein, dass das Rohr ein Loch aufweist.

Reihenfolge „bei Tisch"

Gänsegeier arbeiten bei der Nahrungssuche mehr oder weniger freiwillig im Team: Die Vögel verteilen sich in großen Gruppen im Luftraum, manchmal über 50 Kilometer vom Nest mit ihren Jungen entfernt! So können sie eine sehr große Fläche absuchen. Wenn nun ein Geier etwas Fressbares entdeckt hat, fliegt er im Sturzflug nach unten: Das ist das Signal für seinen Nachbarn, auch nach unten zu fliegen – wie eine Art Dominoeffekt. Immer mehr Geier landen am Kadaver. Auch viele andere Geierarten entdecken Aas oft nicht direkt, sondern indem sie andere Geier, weitere Aasfresser oder Raubtiere beobachten.

Jetzt ist aber die Frage: Wer frisst zuerst? Ist es derjenige, der die Nahrung als Erster entdeckt hat? Oder ist es der stärkste Vogel?

Oft dauert es eine ganze Weile, bis sich einer der Gänsegeier traut, am Kadaver zu fressen. Das Tier könnte ja noch leben und eine Gefahr sein. Oder ein Löwe, Wolf oder Tiger könnte in

Ist genügend Nahrung da, bekommen alle etwas ab – ansonsten setzen sich die stärksten Vögel durch, die übrigen gehen leer aus

Das Recht des Stärkeren

Haben mehrere Geierarten ein Aas entdeckt, setzt sich oft die stärkste Art durch: beispielsweise Mönchsgeier gegenüber Gänsegeiern oder Ohrengeier gegenüber Weißrückengeiern. Zuerst fressen dann also die Vögel der kräftigeren Art, erst dann kommen die anderen Arten zum Zug.

der Nähe sein. Vielleicht wurde der Kadaver vergiftet. Der erste Vogel, der frisst, geht damit das größte Risiko ein.

Beim Gänsegeier ist es deshalb wohl immer der hungrigste Vogel, der zuerst loslegt. Fängt erst mal ein Geier an zu fressen, ist das eine Art Startschuss für die Artgenossen. Jetzt beginnen alle Geier, an verschiedenen Stellen zu „knabbern". Natürlich kommen sie sich dabei gegenseitig in die Quere. Sie attackieren einander, es fliegen die Federn – begleitet von lautem Fauchen und Grunzen! Jeder Vogel möchte möglichst viel fressen. Letztlich werden aber bei großen Kadavern alle Geier satt. Sie müssen nur etwas länger warten.

Damit alle sich den Bauch vollschlagen können, brauchen Gänsegeier großes Aas. Bei kleineren Tieren, einer Maus oder einem kleinen Vogel, lohnt es sich nicht einmal zu landen.

Hier attackiert ein Ohrengeier andere Geier, um sein Anrecht auf das Aas mit Nachdruck durchzusetzen

Im Kropf am Hals können Geier viel Nahrung speichern

Trotz seines gefüllten Kropfes konnte sich dieser Geier noch in einen Baum erheben

Manchmal müssen die Geier noch lange warten, bis stärkere Tiere, wie Löwen, am Kadaver fertig gefressen haben. Dann ist das Buffet für unsere Geier eröffnet. Ein Geier muss nicht wie wir Menschen mehrere Mahlzeiten am Tag zu sich zu nehmen, um keine Mangelerscheinungen zu bekommen oder stark abzunehmen. Er kann problemlos einige Tage hungern. So ist die Natur: Es kann Tage, ja Wochen dauern, bis irgendwo ein Kadaver vorhanden ist. Wenn dann aber so ein Kadaver da ist, dann vermögen die Vögel eine große Menge zu verschlingen – manchmal so viel, dass sie kaum noch oder sogar nicht mehr abheben können! Dann würgen sie aber manchmal einfach einen Teil der Nahrung wieder aus.

Wie auch viele andere Vögel besitzen die meisten Geier eine Art Beutel am Hals, in dem große Arten wie der Ohrengeier bis zu anderthalb Kilogramm Nahrung aufbewahren können, solange der Magen noch voll ist. Das ist der Kropf. Den vollen Kropf kannst Du übrigens bei einem größeren fliegenden Vogel mit dem Fernglas ganz gut erkennen. Das bedeutet also: In der Nähe gab es was zu futtern.

Die Natur hat auch dafür gesorgt, dass so ein Kadaver fast vollständig verwertet wird. Bei den Geierarten gibt es nämlich eine Art Arbeitsteilung:

- Zuerst kommen die kräftigen Geier mit starken Schnäbeln. Das sind Mönchsgeier oder Ohrengeier. Die sind eine Art „Dosenöffner" – sie schneiden Löcher in den Kadaver.
- Dann können die Geier mit langen Hälsen sich tiefer in das Fleisch hineinfressen. Das sind Gänsegeier, Schneegeier oder Weißrückengeier.
- Geier mit feineren Schnäbeln wie der Schmutzgeier schnappen sich kleinere Stücke oder Fetzen, die um die Kadaver herumliegen.
- Als Letztes kommt der Bartgeier, der die Knochen einsammelt und verschlingt. Er besitzt übrigens keinen Kropf.

Das Problem ist nur, dass die Verwertungskette unterbrochen wird oder gar endet, wenn eine Art verschwindet: Gibt es keine Mönchsgeier oder Ohrengeier mehr im jeweiligen Gebiet, dann können Gänsegeier, Sperbergeier oder Weißrückengeier nicht mehr so leicht an ihre Beute gelangen. Sie sind also von ihren „stärkeren Geierfreunden" abhängig.

Geier mit starken Schnäbeln schneiden als „Dosenöffner" Löcher in den Kadaver, durch die später andere Geier an die Nahrung gelangen

Nicht sehr appetitlich, aber wirkungsvoll: Durch Körperöffnungen des Kadavers dringen Geier zu den nahrhaften Stücken vor.

Auf Knochen spezialisiert ist der Bartgeier

Mit seinen über drei Metern Spannweite vermag ein Andenkondor im Segelflug riesige Flächen zu durchstreifen

Flugkünstler

Geier sind ideal an den Flug angepasst: Wie bei allen Vögeln sind ihre Knochen sehr leicht, hohl und viel stabiler als unsere menschlichen Knochen. Spezielle Säcke versorgen die Knochen im Inneren mit Luft. Wir Menschen haben an dieser Stelle das Knochenmark. Das ist viel schwerer als Luft.

Auf alle unnötigen Organe oder Organteile verzichten die Vögel und sparen auch damit an Gewicht. Zum Beispiel haben sie keine Harnröhre oder Harnblase. Die Feder selbst ist ein echtes Wunder der Natur. Der Kiel besteht aus der „Spule“: dem Ende und dem Schaft, von dem die Federäste abzweigen. Die „Fahne“ hat an der Basis wärmende Dunen und weiter oben die Federfläche. Die einzelnen Federstrahlen werden mit einer Art Klettverschluss zusammengehalten. Das ist wichtig für den Flug und als Schutz vor Feuchtigkeit.

Vögel besitzen ein pfiffiges Atmungssystem, das im Tierreich wohl einzigartig ist. Selbst die besten Ausdauersportler unter uns Menschen könnten da nicht mithalten. Bei den Vögeln gelangt immer nur ein Teil der Atemluft in die Lunge, der andere Teil fließt in Luftsäcke. Diese Luftsäcke enden nicht in Blutgefäßen, sondern sie werden ständig durchströmt. Die Vogellunge vergrößert sich nicht beim Ein-/Ausatmen. Wenn Du einatmest, wirst Du feststellen, dass sich Dein Brustkorb hebt und senkt: Einatmen und Ausatmen. Bei den Vögeln hebt sich der Brustkorb nicht. Denn die Luftsäcke arbeiten wie eine Art Blasebalg, der permanent Luft pumpt. Die Luft fließt in einer Art Einbahnstraße immer nur in einer Richtung.

Du hast bestimmt schon mal eine Dunenfeder oder einen Löwenzahnsamen durch die Luft nach oben fliegen sehen. Warme, nach oben

Für ihren Segelflug nutzen Geier die Thermik, aufsteigende warme Luft

Federwechsel

Eine Feder hält nicht ein Leben lang. Sie wird meistens jährlich ausgetauscht: Die alte Feder wird abgeworfen, die neue Feder wächst nach. Das nennen wir die Mauser. Für Geier wäre es natürlich nicht so clever, wenn alle alten Federn gleichzeitig abgeworfen werden – dann könnten sie ja nicht mehr fliegen. Also tauschen die Vögel die Federn nacheinander aus.

strömende Luft (Thermik genannt) ist die Erklärung dieses Phänomens. Je größer die Flügelfläche des Geiers ist, umso mehr Thermik kann genutzt werden. Geier haben deshalb eine sehr große Spannweite – das ist der Abstand zwischen beiden ausgebreiteten Flügelspitzen. Beim Andenkondor in Südamerika sind es über drei Meter, beim Rabengeier weniger als die Hälfte!

Geier sind nicht immer nur Segelflieger. Sie können auch bei wenig Thermik fliegen, wenn sie kraftvoll mit den Flügeln schlagen. Das ist aber viel anstrengender. Bei schlechtem Wetter bleiben viele Geier am Boden oder laufen sogar zu Fuß. Das sieht weniger elegant aus ...

Die gewaltigen Flügel der Geier sind perfekte Tragflächen, eignen sich jedoch auch bestens als Bremsen

Einige Geierarten können bei guten Flugbedingungen Flächen abfliegen, die so groß sind wie Deutschland. Das ist wichtig, wenn sich am Boden wenig Nahrung befindet. Das wäre so, wie wenn Deine Eltern mal eben zum Einkaufen von München nach Hamburg fahren würden ...

Welche Spannweite hast Du?

Breite Deine Arme aus und strecke die Hände so weit wie möglich auseinander. Wenn Du jetzt den Abstand Deiner Fingerspitzen von Deinen Eltern oder Deinen Freunden mit einem Maßband oder Meterstab messen lässt, weißt Du Deine Spannweite. Beim erwachsenen Menschen entspricht dieser Abstand etwa der Körpergröße.

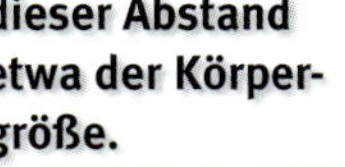

Geier mit starkem Schnabel können damit Kadaver öffnen, Haut, Fleisch und Sehen zerteilen

Gleitzahl

Die Gleitzahl ist die Strecke, die ein Flugkörper ohne Antrieb in einem Meter Höhe noch fliegen kann, bis der Boden erreicht ist. Beim Geier ist dieser Wert 20 – also aus einem Meter Höhe kann der Vogel noch 20 Meter weit gleiten. Die Gleitzahl interessiert den Geier beim Fliegen aber überhaupt nicht, wenn er die nächste Thermik entdeckt und wieder an Höhe gewinnt. So können auch schwere Arten wie der Andenkondor mit fast 15 Kilogramm Gewicht weit fliegen.

Perfekt angepasst

Findest Du nicht auch, dass Geier besondere Vögel sind? Schön sehen sie vielleicht nicht aus. Aber einige ihrer Anpassungen sind sehr praktisch:

An Kopf und Hals gibt es bis zur Brust weniger Federn als bei anderen Vögeln. Manche Partien können ganz ohne Federn sein, wie bei Kondor oder Schmutzgeier. Je weniger Federn die die Vögel an Kopf und Hals haben, umso weniger hindern sie diese beim Fressen. Sie können dann mehr Fleisch abfressen, ohne stecken zu bleiben. Und Nahrungsreste bleiben somit auch nicht in den Federn hängen.

Der Schnabel ist so kräftig gebaut, dass der Geier damit Fleisch, Haut und Sehnen zerteilen kann.

Weil Geier manchmal laufen müssen, wären spitze Krallen hinderlich: Dann würden die Vögel oft stolpern. Daher haben diese Vögel auch eher flachere Füße, mit denen sie leichter laufen können, ohne hinzufallen. Aber zugegeben: In der Luft sind die Vögel eleganter.

Wie gut ein Geier segeln kann, hängt auch vom Verhältnis seines Gewichts zur Flügelfläche ab: Je größer die Spannweite und je weniger er wiegt, umso besser vermag er zu segeln und an Höhe zu gewinnen.

Im kreisenden Segelflug fliegen Geier aber nicht weit. Wenn sie dagegen Strecke machen möchten, sind sie im Gleitflug unterwegs. Dabei legen sie die Flügel etwas zusammen. Die Vögel fliegen dann nicht mehr in Kreisen, sondern auf einer Linie. Zum Schluss strecken manche Arten kurz vor der Landung die Füße aus, um die Geschwindigkeit weiter zu reduzieren.

Höhenflugweltrekord

Den Höhenflugweltrekord unter den Tieren hält ein Sperbergeier, der in der Höhe von fast 11 300 Metern mit einem Passagierflugzeug zusammenstieß. Das Flugzeug wurde beschädigt, konnte aber sicher landen, während der Geier leider starb.
In dieser Höhe nutzen die Vögel den „Jetstream" – das ist eine starke Luftströmung, mit dem man Energie sparend fliegen kann. Auch ist der Luftwiderstand geringer. Dadurch können die Vögel noch effizienter im Gleitflug unterwegs sein. Sie müssen aber natürlich erst mal in so große Höhen kommen. Außerdem ist es dort eiskalt und es gibt nur wenig Sauerstoff! Um diesen wenigen Sauerstoff sehr effektiv nutzen zu können, besitzen jedoch zumindest manche Geier-Arten einen ganzen speziellen Blutfarbstoff.

Arten mit feineren Schnäbeln schnappen sich kleine Stücke und umherliegende Fetzen

Dieser Weißrückengeier hat zur Landung bereits seine Füße ausgefahren wie das Fahrwerk eines Flugzeugs

Uralt!

Neuweltgeier sind älter als viele andere Vogelgruppen. 35 Millionen Jahren alt sind Fossilien der ersten Urgeier, also der Vorfahren heutiger Arten. Vor 5,7 Millionen Jahren entwickelte sich der Vorfahr des Gänsegeiers und seiner Verwandten. Dann ging es sehr schnell, und weitere Geier kreisten in den Lüften. Vor fünf Millionen Jahren gab es einen Vorfahren des Königsgeiers und des Kondors. Kalifornischer Kondor, Rabengeier und Truthahngeier leben bereits zwei Millionen Jahre auf der Erde. Menschen dagegen gibt es wohl erst seit rund 300 000 Jahren.

Verwirrenderweise kamen vor langer Zeit die Neuweltgeier auch in Afrika, Asien und Europa vor und die Altweltgeier auch in Amerika! Wer soll da noch durchblicken? Es gab Urgeier, die über siebeneinhalb Meter Spannweite hatten! Sie sind jedoch wie die Dinosaurier ausgestorben. Überlebt haben die Neuweltgeier nur in Amerika und die Altweltgeier in Europa, Asien und Afrika.

Steinzeitmenschen und Geierknochen

Eines der ältesten Musikinstrumente der Menschheit wurde in Deutschland gefunden: Auf der Schwäbischen Alb entdeckten Forscher eine besondere Flöte oder genauer gesagt ein Bruchstück davon: Steinzeitmenschen hatten das Instrument vor über 30 000 Jahren aus einem Geierknochen geschaffen. Es ist nicht leicht, eine solche Flöte herzustellen. Das konnten nur gute Handwerker, die mit ihren Werkzeugen präzise arbeiteten.

Bartgeier als Maskottchen

Der Alpenzoo Innsbruck hat den Bartgeier als Maskottchen. Der Zoo ist von Beginn an am Wiedereinbürgerungsprogramm für den Bartgeier in den Alpen beteiligt.

Urvogel *Archaeopteryx*

Vor 150 Jahren entdeckten Bergarbeiter im Juragestein in Bayern den versteinerten Abdruck eines taubengroßen Tieres, der eigenartig aussah: Es hatte Merkmale von Echsen, einen langen Schwanz und ein Federkleid. Dieser Urvogel am Übergang zwischen Dinosauriern und Vögeln lebte vor 150 Millionen Jahren – also in der Zeit der Dinosaurier, die vor 65 Millionen Jahren ausgestorben sind. Richtig fliegen konnte unser Urvogel noch nicht, sondern wohl nur aus der Höhe herunterflattern. Spannend, dass sich aus diesem oder einem ähnlichen „Flattermann“ unsere Flugkünstler, die Geier, entwickelt haben, oder?

Alle Geier der Welt

Die Altweltgeier gehören zu den Habichtartigen. Das bedeutet, dass sie nah mit Habicht, Bussard oder Steinadler verwandt sind. So einen „echten" Greifvogel hast Du bestimmt schon mal zu Gesicht bekommen, oder?

In den folgenden Tabellen stelle ich Dir sämtliche Arten der Geier vor. Wenn Du genau aufpasst, wirst Du merken, dass die Zahlen teils weit auseinandergehen, wie viele Exemplare einer bestimmten Art es noch gibt. Das liegt einfach daran, dass Wissenschaftler das bei vielen Geiern nur grob schätzen können.

Die Vorfahren des Gänsegeiers und seiner Verwandten lebten vor „nur" rund 5,7 Millionen Jahren

Altweltgeier

Art	Spannweite (Meter)	Gewicht (Kilogramm)	Verbreitung	So viele gibt es	Trend
Geier mit meist langen Hälsen					
Gänsegeier	2,34 bis 2,69	6,2 bis 11,3	Europa, Afrika, Asien	500 000 bis 1 Million	Zunahme
Weißrückengeier	1,97 bis 2,29	4,2 bis 7,2	Afrika	270 000	Abnahme
Sperbergeier	2,40	6 bis 9	Afrika, (Europa)	22 000	Abnahme
Kapgeier	2,28 bis 2,50	7,1 bis 10,9	Afrika	9 400	Abnahme
Bengalgeier	2,10	3,5 bis 5,5	Asien	2 500 bis 10 000	Abnahme
Indiengeier	2,10	5,5 bis 6,3	Asien	30 000	Abnahme
Dünnschnabelgeier	2,10	5,5 bis 6,3	Asien	1 000 bis 2 500	Abnahme
Schneegeier	2,60	8 bis 12	Asien	60 000 bis 334 000	stabil
Geier mit großen Schnäbeln					
Mönchsgeier	2,50 bis 2,95	6,2 bis 11,3	Europa, Afrika, Asien	100 000	Abnahme
Ohrengeier	2,50 bis 2,90	5,4 bis 9,2	Afrika	5 700	Abnahme
Geier mit nacktem Kopf					
Kahlkopfgeier	1,99 bis 2,27	3,7 bis 5,4	Asien	2 500 bis 10 000	Abnahme
Geier mit auffälligen Kopffedern					
Kappengeier	1,55 bis 1,80	1,5 bis 2,6	Afrika	197 000	Abnahme
Wollkopfgeier	2,07 bis 2,23	3,3 bis 5,7	Afrika	2 500 bis 10 000	Abnahme

Gänsegeier

Mönchsgeier

Kahlkopfgeier

Wollkopfgeier

Neuweltgeier

Die Neuweltgeier sind mit den Altweltgeiern und anderen Greifvögeln entfernter verwandt als diese untereinander.

Andenkondor

Kleine Gelbkopfgeier

Königsgeier

Art	Spannweite (Meter)	Gewicht (Kilogramm)	Verbreitung	So viele gibt es	Trend
Die Riesen unter allen Geiern					
🟢 Andenkondor	bis 3,10	bis 15	Südamerika	6 700	Abnahme
🔴 Kalifornischer Kondor	2,49 bis 3,00	8 bis 14	Nordamerika (Kalifornien)	334 in der Natur, insgesamt 537 Tiere	Zunahme
Geier mit gelbem oder nacktem Kopf					
🟢 Kleiner Gelbkopfgeier	1,5 bis 1,65	0,95 bis 1,55	Amerika	100 000 bis 1 Million	stabil
🟢 Großer Gelbkopfgeier	1,66 bis 1,78	1,65	Amerika (Amazonasgebiet)	100 000 bis 1 Million	Abnahme
🟢 Truthahngeier	1,80 bis 2,10	2	Amerika	4,5 Millionen	stabil
Geier mit faltigem Kopf					
🟢 Rabengeier	1,33 bis 1,60	1,1 bis 1,6	Amerika	4,2 Millionen	Zunahme
Geier mit besonders buntem Kopf					
🟢 Königsgeier	bis 2,00	bis 4,5	Südamerika	670 bis 6 700	Abnahme

Bartgeierartige
Eine dritte Geiergruppe, die „Bartgeierartigen", ist unterschiedlich zu den anderen Geiern: Bartgeier, Schmutzgeier und Palmgeier sind wohl unabhängig von den anderen Geierarten entstanden.

Art	Spannweite (Meter)	Gewicht (Kilogramm)	Verbreitung	So viele gibt es	Trend
🟢 Bartgeier	2,30 bis 2,83	4,5 bis 7	Europa, Afrika, Asien	1 300 bis 6 700	Abnahme
🟢 Schmutzgeier	1,65	1,5 bis 2,2	Europa, Afrika, Asien	12 000 bis 38 000	Abnahme
🟢 Palmgeier	1,35 bis 1,55	1,2 bis 1,8	Afrika	80 000	stabil

🔴 vom Aussterben bedroht 🟠 stark gefährdet 🟡 gefährdet 🟢 möglicherweise gefährdet 🟢 nicht gefährdet

Die Lebensräume der Geier sind völlig unterschiedlich. Hier siehst Du im Vordergrund einen jungen Andenkondor in den Bergen Perus.

Selbst Wüsten haben manche Geierarten als Lebensraum erobert

Als Kulturfolger bezeichnet man Arten, die in der Nähe des Menschen leben und dort nach Nahrung suchen

Lebensräume der Geier

Du kannst Dir vielleicht vorstellen, dass die großen Vögel viel Platz zum Fliegen oder Brüten brauchen. Altweltgeier wie der Gänsegeier können im dichteren Wald nicht fliegen. Du findest sie daher über offenen Flächen, Halbwüsten, Steppen oder im Gebirge. In diesen Bereichen gibt es wenig Bäume, mit denen die Geier zusammenstoßen könnten.

Neuweltgeier wie der Kondor lassen sich über Grasland, Wald und hohen Gebirgen beobachten. Bartgeier und Schmutzgeier brüten gerne in unzugänglichen Schluchten. Im Himalaya fliegen Bartgeier fast bis 8 000 Meter Höhe.

Die Geier Europas

In Europa sind Geier nur in den südlichen Ländern zu finden: Du entdeckst sie vor allem dort, wo über einen größeren Teil des Jahres gutes Wetter herrscht und es warm ist – dorthin möchten Deine Eltern auch mit Dir am liebsten in den Urlaub fahren, oder?

Du kannst Dir sicher vorstellen, dass Geier Felsen zum Brüten und Schlafen brauchen. Und nur dort, wo es genug zum Fressen gibt, können die Vögel überleben.

Die meisten europäischen Geier sind deshalb in Spanien beheimatet: 90 Prozent aller europäischen Gänsegeier brüten dort. Weitere Bestände gibt es zwischen Italien, Kroatien und Griechenland. In Frankreich wurden **Gänse-**

Hier siehst Du zwei der Geierarten Europas: Schmutzgeier (im Anflug) und Gänsegeier (am Boden)

Tipps für die Geierbeobachtung

Die meisten Geier in nicht allzu weiter Entfernung sind mit dem bloßen Auge gut zu sehen. Aber mit einem Fernglas kannst Du den Himmel besser absuchen und selbst Exemplare sehr weit weg erkennen. In die Sonne solltest Du damit auf keinen Fall schauen, um nicht deine Augen zu schädigen!
Wenn Du eine Digitalkamera hast, gelingt es Dir vielleicht, ein Foto von den Vögeln zu machen. Dann kannst Du diese Beobachtung an Fachleute schicken, die Dir bei der Bestimmung weiterhelfen (geiersichtung@lbv.de): Manchmal können die Geierexperten nicht nur feststellen, um welche Art es sich handelt, sondern auch, woher der Vogel kommt: Einige Tiere haben Markierungen an den Flügeln oder farbige Ringe.

geier und **Mönchsgeier** wieder freigelassen, nachdem sie dort verschwunden waren. In den Alpen haben Vogelschützer seit 1986 auch den zwischenzeitlich ausgerotteten **Bartgeier** wieder angesiedelt.

Der aktuell am stärksten gefährdete Geier in Europa ist jedoch der **Schmutzgeier**. Ihm drohen auf dem Weg in seine Überwinterungsquartiere in Nordafrika viele Gefahren: Manche Tiere werden abgeschossen oder vergiftet, sie stoßen mit Stromleitungen zusammen oder ertrinken sogar entkräftet im Mittelmeer.

Mönchsgeier sind besonders eindrucksvolle Vögel

Europa hat seit Kurzem eine fünfte Geierart: Der **Sperbergeier** ist aus Afrika nach Spanien geflogen und hat sich dort angesiedelt. Er brütet jetzt als Nachbar der Gänsegeier. Vielleicht ist er in Spanien sicherer als in Afrika, wo immer mehr gefährliche Stromleitungen gebaut werden.

Beobachtungstipps

Früher haben wir Karten „gelesen“, wenn wir einen Ort suchten, z. B. als Pfadfinder. Mit unseren modernen Telefonen oder tragbaren Computern können wir diese Karten jetzt auf ein solches Gerät laden. Um dort einen Punkt zu finden, benötigst Du ein Koordinatensystem, also eine Art Gitternetz. Mit dem Rechtswert („x-Achse“) und dem Hochwert („y-Achse“) kannst Du genau feststellen, wo der Punkt liegt.

Solche Koordinaten möchten wir Dir in den Beobachtungstipps auch als kleine Hilfe für Geierbeobachtungen durchgeben. Du brauchst diese Punkte nur in einem Kartenprogramm im Internet oder auf Deinem Telefon eingeben. Wenn der Punkt im Meer liegt, stimmt etwas nicht so ganz. Vielleicht hast Du dann die Achsen vertauscht?

Gänsegeier sind im spanischen Nationalpark Monfragüe recht häufig anzutreffen

Tipp 1: Extremadura in Spanien – Nationalpark Monfragüe

Der spanische Monfragüe-Nationalpark ist weltberühmt für sein besonderes Geiervorkommen. Hier gab es immer Geier. Die Vögel lassen sich gleich nach dem Eingangsportal beobachten (39.828569, -6.057855). Von den Beobachtungspunkten schaut man über einen Stausee auf die großen Brutkolonien, die somit gut geschützt sind. Die Geier fliegen oft sehr nah an einem vorbei – ein besonders Erlebnis! Trotzdem ist ein Fernglas oder Fernrohr hilfreich.

Ein weiterer Stopp ermöglicht die Beobachtung von Mönchsgeiern (39.834013, -5.977334), die auf den höheren Bäumen brüten.

Der nächste Stopp befindet sich in der Nähe eines Schmutzgeier-Brutplatzes (39.850169, -5.960065). Gleich daneben nisten Gänsegeier und Schwarzstörche. Angrenzend ein Beobachtungspunkt mit schönen Blicken zu Gänsegeiern und dem spanischen Kaiseradler (39.856957, -5.959796).

An den markanten Felstürmen oberhalb des Flusses Tajo fällt es nicht schwer, Geier zu sichten

Tipp 2: Sevennen und Verdon-Schlucht, Frankreich

Die Sevennen sind ein Mittelgebirge im Süden von Frankreich. Hier ist der Gänsegeier um 1940 leider ausgestorben. 40 Jahre später wurden dort wieder Exemplare freigelassen, die aus Spanien stammten. Den Geiern gefiel das Gebiet offenbar sehr gut. Bereits nach wenigen Jahren konnten die Vogelkundler die ersten erfolgreichen Bruten beobachten.

Im Le-Truel-Tal wurde ein Besucherzentrum speziell für Geier eingerichtet (44.196421, 3.247594). Gänsegeier, Mönchsgeier und Schmutzgeier kommen in dieser Region vor.

Gänsegeier wurden auch noch in anderen Gebieten in Frankreich wieder eingebürgert. Die Verdon-Schlucht ist mit bis zu 700 Meter senkrecht abstürzenden Wänden eine der beeindruckendsten Felslandschaften Europas. Von vielen Haltebuchten oberhalb der Schlucht (43.765823, 6.373446 oder 43.781069, 6.390589) lassen sich Gänsegeier sehr schön beobachten. Manchmal fliegen sie ganz nah an Dir vorbei!

Geier über den Schluchten der Sevennen zu beobachten, ist ein ganz besonderes Erlebnis!

Tipp 3: Nationalpark Hohe Tauern

In den österreichischen Hohen Tauern wurden Bartgeier seit 1986 ausgewildert. Ein toller Beobachtungspunkt ist das Krumltal (47.116029, 12.931257). Der Nationalpark hat im Rauristal eine Ausstellung über den „König der Lüfte" zusammengestellt (47.196199, 12.975525). Der Alpenzoo Innsbruck (47.281210, 11.398173) beteiligt sich aktiv am Zuchtprogramm zur Wiedereinbürgerung des Bartgeiers in den Alpen – neben vielen anderen Partnern.

Im Nationalpark Hohe Tauern kannst Du Bartgeier sehen

Geier in Zoos und Wildparks

In einigen Zoos und Tiergärten kannst Du Geier ganz aus der Nähe beobachten. Auf der Internetseite www.zoo-infos.de kannst Du per Volltextsuche mit dem Stichwort „Geier" herausfinden, wo das der Fall ist und welche Arten dort zu beobachten sind. Einige dieser Zoos beteiligen sich an Zuchtprogrammen von Geiern, wie der Tiergarten Nürnberg oder der Alpenzoo Innsbruck.

Vom Geierzentrum in Dadia aus lassen sich Gänsegeier, Mönchsgeier und Schmutzgeier beobachten

Tipp 4: Geierzentrum Dadia, Griechenland

In der Balkanregion zwischen Italien und Griechenland haben Geier besonders große Probleme mit Gift. Früher waren die majestätischen Vögel hier weit verbreitet, heute sind die meisten verschwunden: Sie wurden vergiftet.

In Dadia, ganz im Osten von Griechenland, gibt es einen Nationalpark mit Geierzentrum (41.127478, 26.221143), das sich um den Schutz der Vögel kümmert. Von hier aus können Touren zu einem Futterplatz gebucht werden. Hier kannst Du mit etwas Glück Gänsegeier, Mönchsgeier und Schmutzgeier beobachten. Einige Hotels haben sich sogar ganz auf „Geiertouristen“ spezialisiert. Aber Kadaver gibt es dort für sie nicht zu essen …

So kannst auch Du Geier schützen

Du kannst Mitglied in einem Naturschutzverband werden, der sich für den Geierschutz engagiert, zum Beispiel dem LBV, dem NABU, dem BUND oder dem WWF. Frage Deine Eltern, ob Sie Wildfleisch kaufen, das nur mit bleifreier Munition geschossen wurde. Solche Munition werden in einigen Jahren vermutlich alle Jäger in Europa verwenden, und Du kannst ihnen dabei helfen.
In manchen Nationalparks darfst Du aktiv im Geierschutz mitmachen, beispielsweise als Junior-Ranger oder in einem Wildnis-Camp. Das ist spannend und Du lernst dabei sicher auch neue Freunde kennen.
Wenn Deine Eltern oder Du weniger Plastik verbrauchen, kann das ebenfalls den Geiern zugutekommen. Du oder Deine Eltern sollten im Ausland keine Souvenirs wie Federn oder Krallen von Geiern kaufen. Oft werden für diese Andenken nämlich Vögel getötet.

Die Geier Afrikas

Du hast bestimmt schon Bilder von Elefanten und Löwen in Afrika gesehen. In den Steppen und Graslandschaften kannst Du aber noch viel mehr Wildtiere finden: Zebras, Gnus und Antilopen, so weit das Auge reicht. Viele Tiere müssen weite Strecken wandern, um genügend Nahrung zu finden. Riesige Herden kannst Du dort beobachten, wo es genug zu fressen gibt.

Die großen Wanderungen überlebt allerdings nicht jedes Tier. Innerhalb kurzer Zeit segeln die Geier über verendeten Tieren. Ganz viele der riesigen Vögel tauchen plötzlich auf – als ob sie sich verständigen konnten.

Wenn so viele Geier am Werk sind, wird fast jedes Gramm Wildtier verwertet. Daneben kannst Du noch eine Reihe anderer Tiere erkennen: Vögel wie Raben, Marabus (das ist eine Storchen-Art) oder Beutegreifer wie Schakale, Hyänen oder Afrikanische Wölfe. Sogar kleinere Tiere wie Mäuse oder Insekten fressen neben den Geiern.

Für den Geier ist nicht wichtig, ob ein totes Tier ein Wildtier oder ein Nutztier ist. Wenn eine tote Kuh oder Ziege auf einer Wiese liegt, kreist der Geier genauso wie über einem Gnu. Das kann für den Geier gefährlich werden, weil manche Hirten denken, der Greifvogel habe sein Haustier getötet. Dieses Problem haben viele Geier in Afrika.

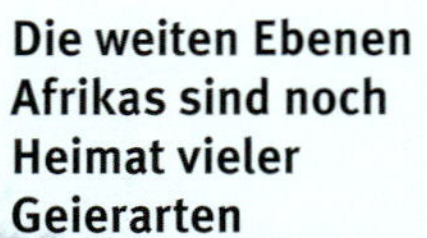

Die weiten Ebenen Afrikas sind noch Heimat vieler Geierarten

Zudem gibt es besonders fiese Menschen, die seltene Wildtiere wie Nashörner oder Elefanten schießen, um das Horn beziehungsweise die Stoßzähne für sehr viel Geld zu verkaufen. Man nennt diese Menschen „Wilderer". Die Wilderei ist ein ganz großes Problem und sehr gefährlich für die Geier. Wenn ein Wilderer ein Tier geschossen hat, sind Geier meist die Ersten, die es mitbekommen. Sie kreisen über dem toten Wild und „verraten" auf diese Weise den Wilderer. Die Nationalpark-Ranger können dann den Wilderer leicht verhaften.

Viele Wilderer legen deshalb gezielt Gift gegen Geier aus, um das zu verhindern. An so einem vergifteten Platz können über 500 Geier an einem Tag getötet werden! Du kannst Dir vorstellen, dass dadurch Geier sehr schnell aussterben. In vielen Teilen von Afrika sind Geier bereits verschwunden.

Geier und Hyänen sind einander nicht grün – kein Wunder, schließlich handelt es sich um Nahrungskonkurrenten

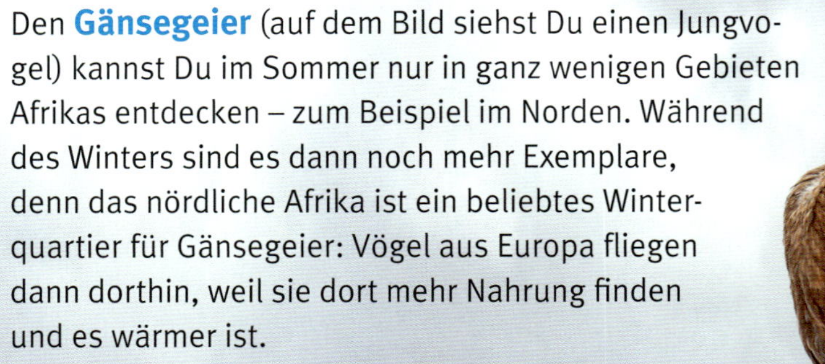

Den **Gänsegeier** (auf dem Bild siehst Du einen Jungvogel) kannst Du im Sommer nur in ganz wenigen Gebieten Afrikas entdecken – zum Beispiel im Norden. Während des Winters sind es dann noch mehr Exemplare, denn das nördliche Afrika ist ein beliebtes Winterquartier für Gänsegeier: Vögel aus Europa fliegen dann dorthin, weil sie dort mehr Nahrung finden und es wärmer ist.

Der **Weißrückengeier** war früher in vielen Teilen Afrikas südlich der riesigen Wüste Sahara häufig anzutreffen. Er brütet ähnlich wie der Gänsegeier in Kolonien. Die Nester, die man bei solch großen Vögeln auch Horste nennt, findest Du auf großen Bäumen: Es können schon mal fünf Geierhorste in einem Baum gleichzeitig besetzt sein! Leider sind 90 Prozent der Weißrückengeier in Afrika gestorben, und es ist nicht klar, ob diese Art überlebt – wenn es so weitergeht.

Sperbergeier leben in der Mitte von Afrika. Ihre Federn haben einen helleren Rand. Wenn Du den Bauch oder die Flügel beim sitzenden Vogel anschaust, sieht das gefleckt aus – daher der Name, denn auch der heimische Greifvogel Sperber trägt so eine Musterung, die daher auch „gesperbert" heißt. Der Sperbergeier ist ebenfalls ganz selten geworden. Er frisst neben dem Fleisch von Aas selbst Haut und Knochen.

Kapgeier segeln im Süden Afrikas. Du kannst diese Art an der helleren, cremefarbigen Zeichnung von anderen Geiern unterscheiden. Außerdem klingt er auch anders: Der Kapgeier lässt sich an seinen bellenden und grunzenden Lauten erkennen. Andere Arten lassen eher ein „Zischen" und „Fauchen" hören. Ja, genau: Melodisch klingt anders. Geier sind eben keine Singvögel ...

Im Serengeti-Nationalpark können Touristen leicht Geier beobachten

Den **Mönchsgeier** kennst Du schon. Er besitzt einen sehr kräftigen Schnabel. Sein Gefieder erinnert ein wenig an die dunkelbraune Kleidung, die Kutte, die viele Mönche tragen. Daher wird er auch Kuttengeier genannt. Die letzten Mönchsgeier Afrikas kamen in Marokko vor. Leider wurde diese Art aktuell nicht mehr in Afrika gesehen – sie ist dort höchstwahrscheinlich ausgestorben.

Die mächtigen **Ohrengeier** haben mit ihrem riesigen Schnabel ganz ähnliche Fähigkeiten wie Mönchsgeier. Du hast ja schon die besondere Rolle dieser Arten als „Dosenöffner" kennengelernt. Ohrengeier sind in vielen Teilen Afrikas südlich der Sahara verbreitet, aber selten. Obwohl sie sehr gerne an besonders großes Aas wie das von Elefanten gehen, jagen sie offenbar auch selbst kleinere Tiere.

Der anfliegende Ohrengeier möchte seinen Teil des Kadavers abbekommen

Findest Du auch, dass der **Wollkopfgeier** eine schöne „Frisur“ hat? Das ist schon etwas Besonderes bei Geiern! Aber Wolle wie bei Schafen ist es natürlich nicht. Diese Geier tragen vielmehr besonders weiche Federn am Hinterkopf. Solche Dunenfedern – die wir auch von Vogelküken kennen – entdeckst Du auch an Stellen des Halses, des Bauchs und an den „Hosen“ – das sind die Federn an den Füßen. Wenn Du genauer hinschaust, findest Du aber auch heraus, dass der Vogel an einigen Stellen des Halses gar keine Federn hat. Wollkopfgeier kommen südlich der Sahara vor. Im Gegensatz zu ihren afrikanischen Geier-Nachbarn sind sie nicht gefährdet.

Neben Aas erbeuten sie beispielsweise auch die Küken von Flamingos und selbst Insekten, darunter selbst Termiten! Und manchmal wurde sogar beobachtet, dass Wollkopfgeier gemeinschaftlich kleine Säugetiere oder große Echsen jagten.

Den **Bartgeier** kannst Du in afrikanischen Schluchten und Gebirgen im Norden, Osten oder ganz im Süden beobachten. Die Bartgeier im Norden Afrikas sind eher mit ihren europäischen Nachbarn verwandt. Die anderen Vögel im Osten und Süden sind eine eigene Unterart. Verglichen mit dem Menschen und unserer Sprache könntest Du sagen, diese Tiere sprechen zwar einen anderen Dialekt, können sich aber noch verstehen. In Südafrika lernen die Kinder, dass der Vogel „Lämmergeier“ heißt. Auf Seite 61 erfährst Du noch, warum dieser Name nicht ganz treffend ist.

Wenn Du den **Schmutzgeier** näher betrachtest, bemerkst Du den auffälligen Federschopf am Kopf. Das Gesicht selbst dagegen ist ohne Federn.

Im Flug sieht der Vogel von Weitem aus wie ein kleiner Bartgeier: Wenn Du ihn mit anderen Geiern vergleichst, hat er spitze Flügelenden und einen keilförmigen Schwanz. Wenn der Schmutzgeier näher kommt, kannst Du ihn sofort an seinem typischen schwarz-weißen Flugbild erkennen. Es gibt keinen anderen Geier, der so aussieht.

Der Schmutzgeier kommt in Afrika in zwei Unterarten vor, die den Kontinent vom Süden bis zum Norden besiedeln. In den

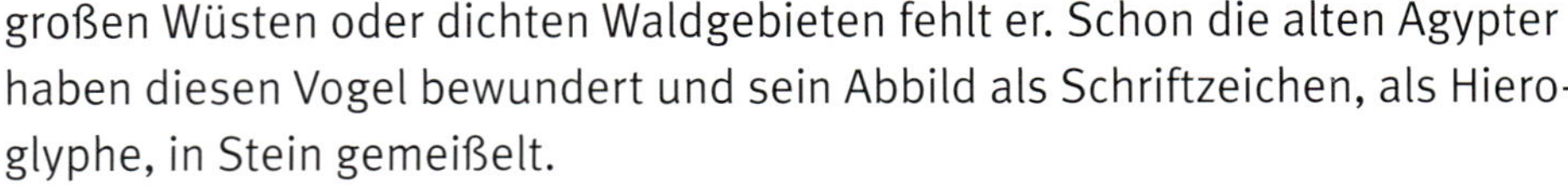

großen Wüsten oder dichten Waldgebieten fehlt er. Schon die alten Ägypter haben diesen Vogel bewundert und sein Abbild als Schriftzeichen, als Hieroglyphe, in Stein gemeißelt.

Wenn Du den **Palmgeier** mit anderen Geiern vergleichst, wirst Du einige Besonderheiten feststellen. Diese Art kommt überwiegend im Wald vor. Vor allem aber ist der Palmgeier der einzige Vertreter, der überwiegend vegetarisch lebt. Gerne frisst er die Früchte der Ölpalme und der Raphia-Palme. Aber auch beispielsweise Fische, Schnecken und Mäuse stehen auf dem Speiseplan – und natürlich Aas.

In der Mitte von Afrika kommt der Palmgeier auf einem breiten Streifen rund um den Äquator recht häufig vor. Du findest ihn sogar in Städten – solange es hier etwas zu fressen gibt.

Bemerkenswert ist auch, dass wir es hier mit einem der wenigen Geier zu tun haben, deren Anzahl zunimmt. Wie Du schon gelesen hast, sind im Gegensatz dazu viele seiner Geierverwandten auf dem afrikanischen Kontinent sehr selten geworden. Manche werden vielleicht für immer verschwinden.

Wenn Du **Kappengeier** näher betrachtest, fällt zuerst der nackte Vorderkopf auf. Sieht doch ein bisschen so aus wie ein kleiner Schmutzgeier, was meinst Du? Der Kappengeier ist allerdings noch etwas kleiner als der Schmutzgeier.

Beide Vögel haben eine ähnliche Speisekarte: Neben größerem Aas verzehren sie auch tote Kleintiere, Insekten, selten Früchte sowie ab und zu Müll der Menschen, ja selbst Kot! Manchmal folgen sie Wildhunden oder Hyänen, um die Reste von deren Beute zu verzehren. Der Kappengeier war früher in vielen Gebieten in Afrika zu Hause, oft auch in Städten, und kreiste manchmal in Schwärmen von bis zu 250 Vögeln. Aber er ist heute sehr selten geworden.

Ups!

Kappengeier leben oft in der direkten Nähe des Menschen, um sich vom Müll zu ernähren. Auch auf dem Gelände von Universitäten suchen sie danach. Fast die Hälfte danach befragter Studenten der afrikanischen Universität von Ghana gab an, dass sie mindestens einmal pro Monat Kot eines Kappengeiers abbekommen ...

Die Geier Asiens

Asien war einmal der „Kontinent der Geier": In manchen Gebieten Indiens beispielsweise waren Geier so häufig, dass Du sie kaum zählen konntest. Mensch und Geier lebten friedlich nebeneinander. Die Geier halfen den Menschen, tote Tiere zu verwerten. Viele Geier starben allerdings, weil sie dabei Gifte aufnahmen – welche Gifte genau, das wusste man lange nicht.

In den höheren Bergen Asiens kommt der **Schneegeier** vor. Du kannst ihn bis auf Höhen von 6 000 Metern beobachten. Er ist mit dem Gänsegeier verwandt und etwas größer. Findest Du auch, dass beide Vögel ziemlich ähnlich aussehen? Wie andere Geier ernährt sich der Schneegeier fast ausschließlich von Aas. Einmal aber wurde ein Exemplar dabei beobachtet, wie es die Nadeln einer Kiefer fraß – ob er dadurch spezielle Nährstoffe aufnehmen wollte?

Der Schneegeier steigt zwar bis in große Höhen empor, ist jedoch nicht nur in schneebedeckten Gebieten zu Hause

Der **Bengalgeier** war vor 40 Jahren der vielleicht häufigste Geier Asiens, mit mehreren Millionen Brutpaaren. Innerhalb von 15 Jahren sind aber fast alle Bengalgeier gestorben, 99,9 Prozent! Sie vergifteten sich nämlich mit einem Medikament, das für Rinder eingesetzt wurde – fraßen sie eine tote Kuh, nahmen sie dabei dieses Gift mit auf. Nur wenige Bengalgeier haben überlebt.

Lange rätselten die Menschen, was die Ursache des Geiersterbens ist. Für viele Inder sind Rinder heilig: Anhänger der Hindu-Religion essen darum kein Rindfleisch. Früher waren es gerade die Geier, die gestorbene Rinder verwerten konnten – heute sind es Hunde und andere Aasfresser. Aber keine Gruppe konnte die Kadaver so schnell und vollständig beseitigen wie die Geier. Zudem gab es immer mehr Ratten und streunende Hunde, da für sie nun der Tisch reich gedeckt war. Aktuell herrschen deshalb große Probleme mit Krankheiten, die sich aufgrund der Kadaver und der unerwünschten Ratten und Hunde entwickeln.

Ratzfatz reiner Tisch

Ein Schwarm Bengalgeier kann einen toten Ochsen in 20 Minuten auffressen, sodass nur noch das Skelett übrig bleibt.

Wenn Du **Dünnschnabelgeier** (links) und **Indiengeier** (rechts) vergleichst, wirst Du kaum äußerliche Unterschiede feststellen. Früher dachten Forscher sogar, dass es sich um dieselbe Art handelt. Heute wissen wir jedoch, dass es wirklich zwei Arten sind.

Den Indiengeier kannst Du im Süden Indiens beobachten, während der Dünnschnabelgeier eher im Nordosten dieses Landes vorkommt. Beide Arten brüten in Felsen. Wie die Bengalgeier haben auch Indiengeier und Dünnschnabelgeier sehr große Verluste erlitten. Vogelschützer versuchen diese Arten vor dem Aussterben zu bewahren. Den indischen Landwirten werden dazu Tiermedikamente angeboten, die ungefährlich für Geier sind. Leider sind dennoch nach wie vor gefährliche Medikamente im Einsatz. Ganz und gar nicht zu verstehen ist, dass diese Medikamente für Nutztiere vor Kurzem in Europa zugelassen wurden.

Du kennst den **Mönchsgeier** bereits aus Europa. Dieser Vogel hat in Asien zwar noch größere Bestände, aber in vielen Gebieten leben immer weniger oder gar keine Mönchsgeier mehr. Am Kadaver wirst Du beobachten, dass der Mönchsgeier sich gegenüber anderen Geiern durchsetzt. Er ist stärker als andere Vögel und sein Schnabel zählt zu den kräftigsten. Aber mit diesem gewaltigen Schnabel frisst er auch ganz kleine Beutetiere wie Eidechsen oder Mäuse, wenn im Sommer zu wenig großes Aas zu finden ist. In seltenen Fällen erlegt er manchmal selbst Beute, beispielsweise neugeborenes Nutzvieh, vor allem kranke Tiere. In strengen Wintern verhungern oder erfrieren größere Wild- und Nutztiere und können dann von den Geiern verwertet werden. Ein strenger Winter ist also für die Geier gar nicht so schlecht.

Von Weitem betrachtet sieht der **Kahlkopfgeier** dem mächtigen Ohrengeier ähnlich, ist aber deutlich kleiner. Wenn Du den Vogel genauer anschaust, fallen Dir die markanten Hautlappen am Hals auf, die an einen Truthahn erinnern. Wenn der Geier aufgeregt ist, verfärben sich diese Hautlappen. Kahlkopfgeier kamen auf ähnlich großer Fläche wie Bengalgeier vor. Sie vergifteten sich wie die anderen Geier durch Tiermedikamente und sind heute fast ausgestorben.

Bartgeier und **Schmutzgeier** kennst Du schon aus Europa und Afrika. Wir wissen nicht genau, wie viele davon in Asien leben, weil beide Arten in abgelegenen und fast unzugänglichen Schluchten brüten. Sie sind durch direkte Vergiftungen bedroht. Der Schmutzgeier ist darüber hinaus noch stärker durch nicht gesicherte Stromleitungen gefährdet. Solche Leitungen sind auch für andere Großvögel wie Uhus oder Adler sehr gefährlich.

Der **Gänsegeier** ist ein alter Bekannter, den Du ja schon aus Europa und Afrika kennengelernt hast. In Asien kannst Du Gänsegeier in verschiedenen Lebensräumen meist deutlich unterhalb einer Höhe von 3 000 Metern finden. Ja, genau, das ist nicht gerade viel: Ist doch der höchste Berg Asiens und der gesamten Welt, der Mount Everest, 8 848 Meter hoch.

Der Gänsegeier lebt auch in Asien

Die Geier Amerikas

Nordamerika und Südamerika sind von gewaltigen Bergen durchzogen, die ideale Voraussetzungen für Geier bieten: Hier können die großen Vögel gut segeln und finden geschützte Nistplätze in steilen Felswänden.

Die berühmtesten Geier Amerikas sind die beiden Arten des Kondors, die das Wappentier mehrerer Länder sind – so wie in Deutschland der Bundesadler. Doch obwohl Kondore so bekannt sind, wissen wir noch zu wenig über diese Vögel. In ihren Lebensräumen ist es schwierig, sie wissenschaftlich zu erforschen: Es sind fast 5 000 Kilometer zwischen Peru und Feuerland, der Südspitze Südamerikas, wo Andenkondore beobachtet werden können. Du müsstest den Vögeln am besten hinterherfliegen, um mehr über sie herauszufinden … In diesem riesigen Gebiet gibt es vermutlich weniger als 10 000 Exemplare – das ist sehr wenig für eine Tierart.

Der **Kalifornische Kondor** in Nordamerika ist etwas kleiner als sein Verwandter im Süden. Als 1987 nur noch weniger als dreißig davon in der Natur vorkamen, stand diese Art vor dem Aus. Alle Vögel wurden gefangen, um sie vor weiteren Gefahren zu schützen und mit ihnen Jungvögel zu züchten. Das hat recht gut funktioniert, und viele dieser Jungtiere haben die Forscher wieder freigelassen. Heute leben wieder über 500 Kalifornische Kondore auf der Welt. Über die Hälfte von ihnen kreist – mit bis zu 90 Kilometern pro Stunde und bis zu 250 Kilometern am Tag! – in Freiheit über den Bergen Kaliforniens und Arizonas, zweier Bundesstaaten der USA.

Leider haben die Kondore Probleme mit Plastikmüll. Sie bauen solche Müllteile in ihren Horst ein. Die hungrigen Jungvögel können Plastikteile verschlucken und davon krank werden oder sterben.

Der **Andenkondor** gehört zu den größten und schwersten Vögeln der Welt. 15 Kilogramm kann so ein Kondor auf die Waage bringen und von der einen Flügelspitze zur anderen über drei Meter Spannweite messen. Da reicht ein einfacher Meterstab nicht mehr, der nur zwei Meter Länge hat! Bei den Männchen befindet sich ein Kamm über dem Schnabel. Wie bei vielen Geiern ist der Kopf nackt, nur am Hinterkopf siehst Du buschige Federn.

Auf der Suche nach Nahrung kann der Andenkondor 200 Kilometer am Tag zurücklegen. Dabei schlägt er fast nie mit den Flügeln, sondern segelt nur. Obwohl er überwiegend Aas frisst, versucht er manchmal, am Berg lebende Säugetiere wie Ziegen oder Schafe durch heftige Flügelschläge zum Absturz zu bringen, um die in der Tiefe zerschmetterten Tiere anschließend zu verzehren.

Andenkondore sind selten geworden – nur noch rund 10 000 Altvögel gibt es in ihrem riesigen Verbreitungsgebiet. Wahrscheinlich haben bereits die spanischen Eroberer vor 500 Jahren sehr viele Tiere getötet.

Weiße Strümpfe

Neuweltgeier lassen ihre Ausscheidungen oft über die Beine und Füße rinnen. Das erscheint Dir sicher eklig, aber es hat einen erstaunlichen Zweck: Das Wasser, das in Kot und Urin enthalten ist, kühlt das Blut in den Beinen sehr effektiv. Das ist besonders deshalb wichtig, weil Vögel nicht schwitzen, sich also nicht über Schweiß abkühlen können.

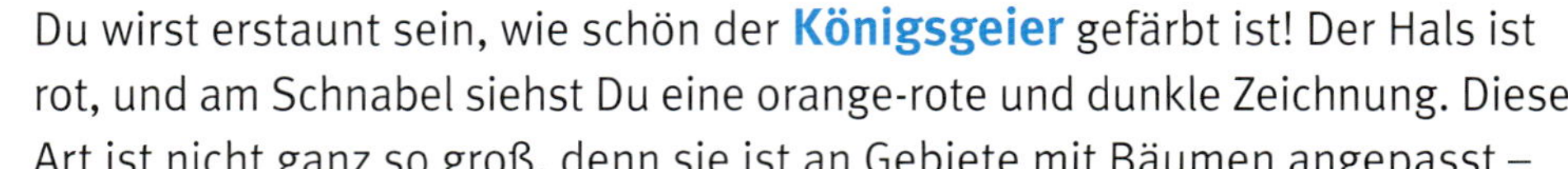

Du wirst erstaunt sein, wie schön der **Königsgeier** gefärbt ist! Der Hals ist rot, und am Schnabel siehst Du eine orange-rote und dunkle Zeichnung. Diese Art ist nicht ganz so groß, denn sie ist an Gebiete mit Bäumen angepasst – da ist es sehr praktisch, wenn die Flügel nicht zu ausladend sind. Du kannst Dir vorstellen, dass es für den Königsgeier nützlich ist, dass er gut riechen kann: Scharfe Augen alleine würden dem Vogel im dichteren Regenwald nicht ausreichen, um Aas zu finden, wenn er stundenlang ohne Flügelschlag dahinsegelt. Daneben erbeutet er selten auch Reptilien wie Schlangen und Echsen, kleine Säugetiere und manchmal selbst ein neugeborenes Kalb. Bei Nahrungsknappheit verzehrt er zudem Palmfrüchte. Kleineren Neuweltgeiern gegenüber kann sich eine Gruppe Königsgeier, die sich an einem Aas eingefunden hat, sehr gut durchsetzen.

Vielleicht stammt daher der Name „Königsgeier“ – oder von Maya-Legenden, in denen dieser Vogel ein Gott ist, der Botschaften zwischen Menschen und Göttern überbringt.

Der **Truthahngeier** gehört ebenfalls zu den wenigen Geiern, die einen guten Geruchssinn besitzen. Neben Aas frisst er auch manchmal Pflanzliches wie Kürbis, Kokosnuss oder die Früchte der Ölpalme. Der schlanke Geier hat eine dunkelbraune Farbe. Er ist etwas kleiner als ein Steinadler. Du kannst diesen Vogel häufig in vielen Gebieten Amerikas beobachten. Im Norden der USA ziehen Truthahngeier im Winter in den wärmeren Süden.

Wie der Königsgeier baut auch diese Art kein Nest, sondern legt ihre Eier direkt zwischen Felsen, in großen Baumhöhlen oder an ähnlichen Stellen ab.Besonders eindrucksvoll sind große Ansammlungen von Truthahngeiern, die manchmal mehrere hundert Vögel umfassen können.

Der **Kleine Gelbkopfgeier** ist nur halb so groß wie der Kondor. Die Kopfzeichnung erinnert an den Königsgeier. Sein Flugbild kannst Du vielleicht mit dem des Truthahngeiers verwechseln. Der Kleine Gelbkopfgeier kann gut riechen und hält sich an Waldrändern und Wiesen auf. Vom Gebirge hält sich dieser Geier eher fern.

Oft sitzt er wie unser heimischer Mäusebussard auf recht niedrigen Ansitzen, zum Beispiel Pfosten. Von hier aus sucht er in niedrigem, schaukelndem Flug nach Aas, steigt also meist nicht hoch empor wie andere Geier.

In unberührten Regenwäldern im Amazonasgebiet lebt der **Große Gelbkopfgeier**. Auch dieser Geier kann sehr gut riechen und dadurch beim Flug auf Höhe der Baumwipfel seine Beute aufspüren: Das sind zum Beispiel tote Affen oder Faultiere. Das Gefieder ist schwarz und leuchtet mehr als das seines kleineren Verwandten. Durch die Abholzung oder die Brandrodung der Regenwälder ist dieser einst häufige Geier bedroht und wird immer seltener.

Rabengeier sind zwar „Zwerge“ unter den Geiern, aber immer noch etwas größer als ein Mäusebussard. Kopf und Hals sind nackt. Bei den Altvögeln wirst Du eine hellbraune Schnabelspitze erkennen. Diese Geier sind in Amerika recht häufig. Du kannst sie auch in Bergen bis über 2 500 Meter Höhe beobachten. Gelegentlich machen Rabengeier selbst Beute, beispielsweise frisch geschlüpfte Meeresschildkröten auf dem Weg ins Wasser. Auf Viehweiden können Rabengeier manchmal tot geborene Lämmer oder Kälber finden und an ihnen fressen. Manche Hirten denken dann, die kleinen Rabengeier hätten ihre Jungtiere getötet. Das kann dann gefährlich für die Geier werden ... Dafür fressen die Tiere aber jede Menge Abfall, sogar verrottendes Pflanzenmaterial, und machen sich dadurch nützlich. Außerdem wurden sie dabei beobachtet, wie sie Zecken und andere Parasiten aus dem Fell von Tapiren und Wasserschweinen pickten, den Capybaras, großen Nagetieren.

Die Kinderstube

Geier bringen sehr wenige Junge zur Welt. Bei vielen Arten kommt jährlich nur maximal ein Küken durch. In manchen Jahren legen die Vögel überhaupt keine Eier. Warum ist das so? Oft finden die Geier nur sehr wenig Nahrung und sind lange sehr hungrig. Die Nahrung reicht gerade mal für die Eltern – dann lohnt es sich erst gar nicht, Eier zu legen.

Geier sind liebevolle Eltern, die ihren Kleinen mit großer Sorgfalt großziehen. Wenn es zu kalt ist, kuschelt sich ein Elternvogel an das Küken. Bei zu viel Hitze spenden die Eltern Schatten und bringen manchmal Wasser im Schnabel. Trotzdem ist es erstaunlich, wie viel Wärme und Kälte die kleinen Geier selbst aushalten können. Denn die kleinen Vögel werden immer wieder allein gelassen, wenn die Eltern nach Nahrung suchen. Das ist überlebenswichtig – für Alt- und Jungvögel.

Ein Weißrückengeier hat Nistmaterial gesammelt

Ein Ei im Nest eines Geiers

Ganz schön alt!

In menschlicher Obhut können Geier fast so alt wie wir Menschen werden. Ein Andenkondor wurde angeblich 73 Jahre alt! Andere Arten werden in Zoos teils über 40 Jahre alt. In der Natur dagegen erreichen sie meist kein so hohes Alter, selten über 35 Jahre. Das ist für Vögel aber schon sehr viel! Zaunkönig oder Meise beispielsweise werden nur etwa fünf Jahre alt, viele andere Tiere sterben schon im ersten Lebensjahr.

Das große Nest von Geiern wird auch Horst genannt

Manche Geier brüten auf Bäumen

Auch Felswände sind beliebte, gut geschützte Nistorte

Einige Geierarten Europas beginnen ihre Brutzeit, wenn bei uns im Tal Schnee liegt. Sie haben ihr Nest hoch in den Bergen, wo das Wasser auch am Tag gefriert.

Die Nester von Geiern befinden sich meistens in Felsen, manchmal auch auf Bäumen. Oft könntest Du so ein steiles Nest gar nicht erreichen. Das gelingt nur sehr guten Kletterern. Die Brutplätze haben immer eine gute Anflugschneise – so wie bei einem Flughafen. Es sind keine dichten Büsche oder andere Hindernisse im Weg.

Manche Arten brüten allein, andere in großen Kolonien. An Felsen kann es einen heftigen Streit um die besten Brutplätze geben: Unter lautem Fauchen und Flügelschlagen wird dann gekämpft. Die Vögel zwicken einander mit ihren Schnäbeln. Irgendwann gibt ein Geier nach.

Diejenigen Geierarten, die später mit der Brut anfangen, haben dann ein Problem: Ihr Brutplatz ist bereits besetzt und die Vögel müssen ausweichen. Sie können eben nicht warten, bis der jeweilige Jungvogel des bereits brütenden Geiers ausgeflogen ist. Die Brutmöglichkeiten für Geier sind also nicht unbegrenzt. Deshalb kann es sein, dass immer nur eine bestimmte Zahl von Paaren in einem Gebiet zu brüten vermag. Vielleicht hat derjenige Geier hier einen Vorteil, der so früh wie möglich brütet. Der Nachteil könnte aber sein, dass die Witterung dann nicht so gut ist und die Tiere schlechter fliegen können ...

„Einzelkinder“

Wenn Geier so wenige Küken durchbringen: Sterben sie dann nicht schnell aus? Nein! Die Paare müssen nicht jedes Jahr brüten, um den Bestand der Art stabil zu halten. Geier können die geringe Nachwuchszahl damit ausgleichen, dass sie sehr alt werden – das ist bei den Adlern ähnlich.

Hier wechseln sich Männchen und Weibchen des Weißrückengeiers gerade beim Bebrüten der Eier ab, die im Horst auf der Spitze der Palme liegen

Lange Aufzucht

Im Vergleich zu anderen Vogelarten brauchen Geier eine sehr lange Zeit für Brut und Aufzucht. Bei manchen Arten vergeht ein halbes Jahr zwischen der Eiablage und dem Ausflug des Jungvogels. Junge Kohlmeisen fliegen bereits drei Wochen nach der Eiablage aus – beim Kondor sind es sechs Monate!

Wird die Brut aufgebeben oder stirbt der Jungvogel, ist die Brutsaison vorbei. Erst im nächsten Jahr kann dann wieder gebrütet werden. Normalerweise sind es dann wieder dasselbe Männchen und Weibchen, die sich ein Leben lang treu sind. Andere Vögel können mehrmals im Jahr brüten oder in Ausnahmefällen ein Ersatzgelege hervorbringen, sodass das Brutjahr nicht verloren ist.

Gänsegeier legen meist nur ein Ei in ihrem Nest, das etwa 60 Zentimeter Durchmesser hat und mit Pflanzenmaterial ausgepolstert wird. Männchen und Weibchen kümmern sich beide um die Brut und die Aufzucht. Nach etwa 54 Tagen schlüpft der Jungvogel, nach 115 Tagen verlässt er den Horst.

Bartgeier legen oft zwei Eier. Das Nest wird am liebsten mit Schafwolle gepolstert, um Ei und Jungvogel vor der Kälte zu schützen. Weil aber das zweite Ei erst sieben Tage nach dem ersten gelegt und das erste Ei bereits bebrütet wird, ist der ältere Jungvogel immer deutlich größer und stärker.

Der jüngere und kleinere Jungvogel ist eine Art „Reserve“: Wenn in der ersten Woche nach der Eiablage ganz schlechtes Wetter vorkommt – zum Beispiel ein mehrtägiger Schneesturm in den Bergen –, kann es passieren, dass dieses Ei aufgeben wird. Dann kann das zweite Ei vielleicht bei besseren Bedingungen noch eine Chance haben, und die Brutsaison ist nicht ganz verloren. Schlüpfen die beiden Jungvögel, hat der kleinere Vogel praktisch keine Chance zu überleben, denn der größere schnappt ihm die Nahrung weg. Das ist aus menschlicher Sicht sehr grausam – aber aus Sicht des Bartgeiers ist es besser, wenn in Zeiten von Nahrungsknappheit eben nur ein Jungvogel optimal versorgt ist und damit auch bessere Überlebenschancen hat, als dass beide verhungern.

Ein Indiengeier mit seinem Küken

Das Ei des Andenkondors wiegt etwa 280 Gramm und ist damit etwa halb so schwer wie ein Straußenei. Dass sich aus diesem Ei mal ein Vogel entwickelt, der schließlich 15 Kilogramm schwer werden kann, ist schon beeindruckend.

Der Nahrungsbedarf von Bartgeiern liegt bei etwa 500 Gramm pro Tag. Der Bartgeier hat im Gegensatz zu vielen anderen Geierarten keinen Kropf. Im Kropf können Vögel zusätzliche Nahrung transportieren, wie Du schon weißt. Bartgeier würgen für ihr Junges keine Nahrung hervor, sondern zerteilen die Stücke direkt im Nest und stellen geeignete Portionen für den Jungvogel bereit. Größere Knochen werden an kleine Jungvögel natürlich noch nicht verfüttert. Solche Brocken könnten die Geierküken noch gar nicht herunterschlucken.

Fast immer überlebt nur ein Küken. Dieses hier wurde von Wissenschaftlern markiert, um seine Lebensweise zu erforschen.

Unzählige Geier sterben durch Medikamente zum Beispiel von Kühen, die sie mit Aas aufnehmen

Viele Gefahren

Wie Du weiter vorne im Buch schon erfahren hast, sind viele Geierarten sehr selten geworden. Mehr als die Hälfte der Arten ist mindestens stark gefährdet, fast ein Drittel sogar vom Aussterben bedroht! Besonders starke Rückgänge der Geier gibt es derzeit in Afrika – und in Indien sind in den letzten 40 Jahren 99,9 Prozent einzelner Geierarten verschwunden, also fast sämtliche Exemplare!

In Afrika ist eine Art – der Mönchsgeier – bereits ausgestorben und sieben sind vom Aussterben bedroht. Oft sind Nationalparks die einzigen Gebiete, in denen überhaupt noch Geier vorkommen.

Kannst Du Dir vorstellen, welche Schwierigkeiten die Geier heutzutage haben? Der größte Feind des Geiers sind wir Menschen: Wir bauen Städte und Straßen oder stellen Stromleitungen auf, die für die Geier gefährlich sind. Immer mehr nehmen wir den Geiern somit ihre Lebensräume weg.

Über das gefährliche Medikament, mit dem sich Geier in Indien massenhaft vergifteten, hast Du oben bereits gelesen, ebenso über Giftköder, die vor allem Wilderer absichtlich auslegen, und über gefährlichen Plastikmüll.

Eine weitere Gefahr, und zwar auf der ganzen Welt, sind Bleivergiftungen. Einige Jagd-Munition besteht nämlich leider immer noch aus Bleianteilen. Wenn nun ein Geier beim Fressen eines geschossenen Wildtiers Blei aufnimmt, kann er daran sterben. Blei ist auch für uns Menschen gefährlich. Am besten wäre es, wenn alle Jäger nur noch Munition benutzen, die gar kein Blei mehr enthält.

Früher gab es an älteren Skiliften dünne Kabel, die kaum zu sehen sind. Für Geier oder andere Vögel waren sie extrem gefährlich. Heute werden diese Kabel im Boden verlegt.

Du kennst sicher die großen Stromleitungen mit ihren langen Kabeln oder Windräder. Beides kann zur tödlichen Gefahr für Geier werden. So kann der Strom sehr gefährlich sein, zum Beispiel die Hochspannungsleitungen mit 100 000 Volt (bei uns in der Steckdose sind das 230 Volt – und die können einem Menschen schon einen tödlichen Schlag versetzen!). Wenn der Vogel gleichzeitig mit der Leitung etwas berührt, was mit der Erde verbunden ist, zum Beispiel den Mast, dann gibt es einen Kurzschluss und der Vogel stirbt.

Diese gefährlichen Masten können durch spezielle Schutzvorrichtungen für Vögel geschützt werden. So haben Forscher in Frankreich eine Drohne entwickelt, also ein ferngesteuertes kleines Fluggerät, mit dem sich Markierungen an alten Leitungen anbringen lassen, die von den Geiern besser wahrgenommen werden können. So etwas hast Du vielleicht schon mal an einer Stromleitung gesehen.

In Spanien sind schon sehr viele Geier von Windrädern verletzt oder getötet worden. Vermutlich können Geier die sich drehenden Rotoren nicht so gut sehen. Immerhin erreichen die Rotorblätter an ihrer Spitze Geschwindigkeiten bis über 300 Kilometer pro Stunde!

Aber nicht jedes Windrad ist gleich gefährlich für die Vögel. An einzelnen Rädern, die im Bereich von Flugstrecken liegen, treten besonders viele Zwischenfälle auf. Es gibt Versuche, diese Räder gezielt abzuschalten, wenn sich Vögel nähern. Beim Kalifornischen Kondor haben Forscher sogar ein System entwickelt, das automatisch funktioniert: Der Kondor trägt einen speziellen Sender. Nähert sich der Vogel einem Windpark, wird dieser automatisch heruntergefahren und die Windräder drehen sich langsamer. Dadurch konnten viele Kondore gerettet werden. Ein vergleichbares System gibt es bereits in Portugal.

Stromkabel können für Geier zur tödlichen Gefahr werden

Der Weg in die Natur

Bei der Vorbereitung einer Bartgeierfreilassung wird der Jungvogel in einen künstlichen Horst gesetzt. Dort wird die Nahrung dem Vogel so angeboten, dass er die Menschen dabei nicht sehen kann. Sonst würde sich das Tier zu sehr an uns Menschen gewöhnen, und das könnte gefährlich sein. Vogelforscher beobachten den Junggeier rund um die Uhr, auch wenn er später schon fliegen kann. Er trägt einen besonderen Rucksack, einen Sender: Mit diesem Gerät können die Forscher feststellen, wo er sich gerade aufhält. Vielleicht können sie ihm dann helfen, wenn er einmal krank wird.

In der Kiste sitzt ein nachgezogener Bartgeier – heute soll er ausgewildert werden

Wunderbare Erfolge beim Schutz von Geiern

Am Beispiel des Bartgeiers möchten Eulchen Xabi und ich Dir zeigen, dass man fantastische Erfolge erzielen kann, wenn man für bedrohte Geierarten etwas unternimmt.

Die Auswilderung eines Bartgeiers ist ein wunderbares Ereignis!

Vor über 100 Jahren dachten viele Menschen, der riesige Bartgeier sei sehr gefährlich für Nutztiere, zum Beispiel kleine Schafe. Daher gab man dem Vogel auch den Namen „Lämmergeier". Heute wissen wir jedoch, dass der Bartgeier fast nur Knochen von bereits toten Tieren frisst. Der Vogel hat einfach viel zu wenig Kraft mit seinen Krallen, um selbst Beute zu töten.

Diese Erkenntnis half zunächst jedoch nichts. 1913 wurde der letzte Bartgeier der Alpen in Norditalien abgeschossen. Aber für diese Art gab es eine zweite Chance: Naturschützer züchteten gemeinsam mit vielen Zoos Bartgeier und ließen sie in den Alpen frei – zum ersten Mal geschah das 1986, also als Du noch gar nicht auf der Welt warst.

Seit dem Jahr 2021 werden Bartgeier auch in Bayern freigelassen, und zwar im Nationalpark Berchtesgaden, wo die Vögel besonders gut geschützt sind. Einige der ehemals freigelassenen Bartgeier brüten inzwischen selbst – ganz nah an unserer Grenze.

In den Alpen fliegen nun schon wieder etwa 300 Bartgeier, jedes Jahr sind es mehr! Weil das so gut geklappt hat, möchten die Vogelfreunde Bartgeier auch dort freilassen, wo sie vor sehr langer Zeit in Europa vorkamen: in Teilen Spaniens, Korsikas und vielleicht einmal in Slowenien, Griechenland und Bulgarien.

Wiedereinbürgerung

Manchmal bekommt die Natur eine zweite Chance, wenn eine Tier- oder Pflanzenart in einem Gebiet ausgestorben ist: Bei der Wiedereinbürgerung werden Tiere aus Nachzucht in Menschenhand in die Freiheit entlassen.

Die Internationale Weltnaturschutzunion hat strenge Regeln für solche Programme. Besonders wichtig ist, dass wir Menschen wissen, warum die Art früher ausgestorben ist, und dass die Gründe für das Aussterben, zum Beispiel Vergiftung, heute nicht mehr vorkommen. Sonst werden die freigelassenen Tiere nicht alt.

Großes Geier-

Jetzt hast Du viel Interessantes über die Geier dieser Welt erfahren. Möchtest Du mal probieren, ob Du schon ein echter Geier-Experte bist? Kreuze mit dem Bleistift bei jeder Frage die Antwort an, die Du für richtig hältst. Bei manchen Fragen sind mehrere Antworten korrekt. Auf Seite 64 findest Du die Auflösung. Viel Spaß!

1. Welcher ist der größte Geier der Welt?
- a) Königsgeier .... ❍
- b) Andenkondor .... ❍
- c) Truthahngeier .... ❍

2. Welche Spannweite hat der größte Geier?
- a) 2 Meter .... ❍
- b) 3 Meter .... ❍
- c) 4 Meter .... ❍

3. Welcher Geier ist großteils Vegetarier?
- a) Schmutzgeier .... ❍
- b) Rabengeier .... ❍
- c) Palmgeier .... ❍

4. Was ist die Hauptnahrung des Bartgeiers?
- a) Murmeltiere .... ❍
- b) Schafe .... ❍
- c) Knochen .... ❍

5. Wie nennt man den Bartgeier auch noch?
- a) Knochenbrecher .... ❍
- b) Lämmergeier .... ❍
- c) Altweltgeier .... ❍

6. Welcher Geier ist in Afrika ausgestorben?
- a) Gänsegeier .... ❍
- b) Mönchsgeier .... ❍
- c) Bartgeier .... ❍

7. Wo kommen Geier vor?
- a) Amerika .... ❍
- b) Afrika .... ❍
- c) Europa und Asien .... ❍

8. Wie lange dauert es, bis ein junger Kondor ausfliegt?
- a) Vier Monate ab Eiablage .... ❍
- b) Fünf Monate ab Eiablage .... ❍
- c) Über sechs Monate ab Eiablage .... ❍

9. Wie hoch können Geier fliegen?
- a) 5 Kilometer Höhe .... ❍
- b) 8 Kilometer Höhe .... ❍
- c) Über 11 Kilometer Höhe .... ❍

10. Was sind die größten Gefahren für Geier?
- a) Abschüsse .... ❍
- b) Vergiftungen .... ❍
- c) Stromschlag und Flug gegen Hindernisse .... ❍

11. Welche Geier können gut riechen?
a) Truthahngeier ❍
b) Gänsegeier ❍
c) Rabengeier ❍

12. Wie können Geier geschützt werden?
a) Futterstellen anlegen ❍
b) Leitungskabel markieren und isolieren ❍
c) Windräder nicht an Flugrouten von Geiern bauen ❍

13. Welche Art kann mit dem Gänsegeier verwechselt werden?
a) Bartgeier ❍
b) Schneegeier ❍
c) Sperbergeier ❍

14. Welcher Geier kommt sowohl in Europa als auch in Afrika und Asien vor?
a) Gänsegeier ❍
b) Bartgeier ❍
c) Schmutzgeier ❍

15. Welcher Geier ist vom Aussterben bedroht?
a) Dünnschnabelgeier ❍
b) Wollkopfgeier ❍
c) Kahlkopfgeier ❍

16. Woran kannst Du einen Geier von Weitem erkennen?
a) Segelflug ❍
b) Rufe ❍
c) Rüttelflug ❍

17. Welche beiden Kondor-Arten gibt es?
a) Andenkondor ❍
b) Alpenkondor ❍
c) Kalifornischer Kondor ❍

18. Wie öffnen Schmutzgeier große Vogeleier?
a) Sie lassen sie aus großer Höhe fallen ❍
b) Sie schlagen die Schale mit einem Stein auf ❍
c) Sie drehen die Schnabelspitze wie einen Bohrer durch die Schale ❍

19. Welcher Geier kann eine dicke Tierhaut durchbeißen?
a) Mönchsgeier ❍
b) Ohrengeier ❍
c) Truthahngeier ❍

20. In welchem Land kommen die meisten Geier Europas vor?
a) Italien ❍
b) Griechenland ❍
c) Spanien ❍

Entdecke die Reihe mit der Eule!

Entdecke die Eulen

Entdecke die Greifvögel

Entdecke die Geier

Entdecke die Rabenvögel

Entdecke die Spechte

Entdecke die Finken

Entdecke die Spatzen

Entdecke die Eisvögel

Entdecke die Zugvögel

Entdecke die Singvögel

Entdecke die Meisen

Entdecke die Kraniche

Entdecke die Störche

Entdecke Schwäne, Gänse & Enten

Entdecke die Möwen

Entdecke die Pinguine

Entdecke die Papageien

Entdecke die Kolibris

Entdecke die Fledermäuse

Entdecke die Hunde

Entdecke die Kühe

Entdecke die Pferde

Entdecke die Esel

Entdecke die Nagetiere

Entdecke die Igel

Entdecke die Waschbären

Entdecke die Biber

Entdecke die Otter

Entdecke heimische Wildtiere

Entdecke die Wölfe

Entdecke die Bären

Entdecke die Tiger

Entdecke die Menschenaffen

Entdecke Affen und Lemuren

Entdecke die Pandas

Entdecke die Elefanten

Entdecke die Nashörner

Entdecke die Erdmännchen

Entdecke die Beuteltiere

Natur und Tier - Verlag GmbH
An der Kleimannbrücke 39/41 · 48157 Münster
Telefon: 0251 - 13339-0 · Fax: 0251 - 13339-33
E-Mail: verlag@ms-verlag.de · www.ms-verlag.de